Onlineshops

Thomas Wos

Onlineshops

Von Anfang an auf Erfolgskurs

Eine Haftung von Seiten des Autors für Personen-, Sach- oder Vermögensschäden ist ausgeschlossen.

Über dieses Buch: Kann man den Erfolg eines Onlineshops programmieren? Ja - man kann zumindest einiges dafür tun, damit ein Onlineshop von Anfang an auf Erfolgskurs geht! Von der passenden Software, bis zu den Texten und modernem SEO, reichen die Tipps in diesem Ratgeber. Egal ob ein Shop für den Endverbraucher gedacht ist, oder sich eher an Geschäftskunden richtet, mit den richtigen Tipps und Tricks fällt der Anfang leichter.

Dieses Buch erklärt kurz und knapp alles, was wirklich relevant für Onlineshop-Projekte ist. Ergänzt wird das Buch durch ein großes E-Commerce Lexikon und viele weiterführende Links. Ein Ratgeber und Nachschlagwerk für alle, die sich mit dem Thema auseinandersetzen wollen.

Inhalt

Über den Autor: Thomas Wos wuchs in Karlsruhe auf und arbeitete zu Beginn seiner Karriere im Vertrieb eines amerikanischen Unternehmens. Nach dem Studium zum Volkswirt erinnerte er sich seiner Leidenschaft aus Teenagertagen, als er für eine Disco im Internet Werbung machte und ging ins Marketing. Seine Marketingagentur verkaufte Tausende von Werbeplätzen und beschäftigte 25 Mitarbeiter.

Heute arbeitet der Autor als freier Marketingberater für internationale Werbeagenturen, rund um den Globus. Sie können den Autor auf seiner Webseite persönlich treffen!

www.wos-marketing.de

Vorwort

Ein guter Shop muss vor allem suchmaschinen-optimiert sein. Sowohl vom Funktionsumfang der Softwarelösung, als auch für die Aufbereitung des Inhalts, benötigt dies Kenntnisse, die wir Ihnen auf den folgenden Seiten vermitteln wollen.

Ein suchmaschinenoptimierter Shop ist die Grundvoraussetzung, um überhaupt vom Käufer wahrgenommen zu werden. Welche Shopfunktionen der einzelne Shopinhaber benötigt, hängt nicht zuletzt von den Geschäftszielen und der Zielgruppe ab. Jede Software hat ihre Vor- und ihre Nachteile. Deshalb ist es gut, wenn man die einzelnen Plus und Minuspunkte vor der Installation kennt und den Shop entsprechend seines Marketingplans auswählt. Wer viel auf eBay verkaufen will, benötigt eine andere Software als ein Shop für den B2B Bereich.

Die Aufbereitung des Inhalts wird genauso erklärt, wie kleine Tricks und Tipps, damit es mit einem guten Platz bei Google in den Suchergebnissen klappt.

Wir wollen Sie und Ihren Shop von Anfang an auf Erfolgskurs bringen.

WEBSHOP

Aber mit passendem Namen!

URL

Alles beginnt mit dem Domainnamen.

Eine Domaine, wie meier.com oder mueller.de macht für einen Shop überhaupt keinen Sinn. Die beste URL ist die, die bereits Ihre Produktgruppe im Namen führt. Für einen Händler von Büchern, bedeutet dies also unbedingt das Wort „buch" in der URL. Für einen Shop mit Mode, irgendeine Wortkombination mit „Mode". Gelungene Kombinationen sind nicht immer leicht zu finden. Zum Beispiel hat ein Shop für Fotovoltaikanlagen selbstverständlich das Problem, dass alle guten Domainnamen mit Fotovoltaik weg sind – Lösung: Anstelle Fotovoltaik das Wort „Solar" in der URL. Wörter mit Solar- können Sie meistens beliebig ergänzen. Dasselbe trifft auch auf einen Shop mit Oberbekleidung zu. Die URL Mode.de oder Fashion.de ist garantiert nicht mehr zu haben, aber Kombinationen sind möglich. Mode-welt.de, mode-kaufen.de usw..

Enthält die URL bereits ein Schlüsselwort, wird es einfacher mit dem Suchmaschinenranking.

Mangento.com Shopsystem

Shopsysteme

Welches Shopsystem für Sie die beste Lösung ist, ist auch eine Frage des Umfangs Ihres Shops. Anbei stellen wir Ihnen die gebräuchlichsten Shops kurz vor.

Kostenlose Shopsysteme

Mangento

Ist von Haus aus kein deutsches Shopsystem. Dies machte sich vor allem bei Versandbedingungen und Zahlungsmöglichkeiten bemerkbar. Dafür kann man jedoch entsprechende Module nachrüsten. Nun gibt es ein Modul namens „market-ready-germany", das mit diesem Nachteil auf einen Schlag kostenlos Schluss macht.

Das neue Modul konfiguriert Mangento automatisch für den deutschen Markt und bereitet den Shop für das Trust Zertifikat vor. So sind die in Deutschland erforderliche Belehrung über das Widerrufsrecht und korrekte Preisauszeichnungen enthalten. Hinzu kommen Tools für die Integration von eBay und

Google Market. Sucht man einen Shop ausschließlich für den B2C Bereich ist Mangento eine gute Lösung.

Da Mangento eine Open Source Lösung ist, lassen sich zusätzliche Module auch durch Programmierer entsprechend den Kundenanforderungen leicht erstellen.

Presta Shop

Die französische Open Source-Variante gilt als Geheimtipp! Das Programm ist vollständig auf Deutsch erhältlich. Allerdings kosten Erweiterungen in Form von Modulen im Regelfall Geld.

Über 3.500 Module bietet Presta an. Da Presta aber Open Source ist, kann man sich Module maßgeschneidert Programmieren lassen und verfährt damit oft billiger.

Gambio GX2

Gambio ist aus Xt:Commerce hervorgegangen. Ein deutsches Shopsystem, dass auf dem amerikanischen OS Commerce basiert. Kostenlos gibt es den Shop allerdings nur bei Drittanbietern. Die Ausstattung ist allerdings eher mager und eine große Modulauswahl sucht man vergebens.

OsCommerce

Das Open Source-Programm ist sozusagen die Mutter aller modernen Shops. Seit nun mehr über 13 Jahren ist diese Software auf dem Markt.
Der Vorteil: Die kostenlose Software hat eine riesige Auswahl an zusätzlichen Modulen für jeden Geschmack.

Der Nachteil: Für den Betrieb in Deutschland muss man extra ein Paket kaufen, was die deutsche Gesetzgebung beachtet, oder man macht alles von Hand rein.

XtCommerce

Xt Commerce ist eigentlich ein Ableger von osCommerce.
Obwohl auch dieses System bereits in die Jahre gekommen ist, ist es noch weit verbreitet und gilt als Basis für viele neuere Systeme.

Xt:Commerce-3-Fork

Ist ein neuer Release des xtCommerce speziell für Deutschland.

Das System ist komplett auf Deutschland ausgelegt und die Module finden sich auf der offiziellen Webseite, der ansonsten kostenlosen Software.

commerce:seo V2Next

Basiert ebenfalls auf xtCommerce, ist aber wie der Name sagt SEO optimiert. So kennt der Shop auch von Haus aus eine Funktion für einen eigenen Blog auf der Seite des Shops. Genau diese Funktion ist für einen modernen Shop, der gut laufen soll, unverzichtbar. Warum dem so ist, werden wir später noch klären.

Aus Sicht der SEO, ist der Shop mit das Beste, was zurzeit auf dem Markt ist.

OXID eShop

Das deutsche Shopsystem OXID eShop bietet eine kostenlose Version und eine kostenpflichtige

Version. Allerdings ist das Ziel der Shopsoftware deutlich keine Open Source Version, trotz gegenteiliger Beteuerungen.

Shopware

Shopware bietet nicht nur einen Shop sondern auch ein Portal für B2B Kunden an. Dabei setzen die Entwickler von Shopware klar auf eigene Netzwerke.

Wie bei OXIG Shop werden sowohl kostenlose als auch kostenpflichtige Varianten angeboten.

ZenCart

ZenCart ist aus dem Shopsystem oscommerce entwickelt worden. Grundsätzlich ein amerikanisches System aber mit einem deutschen Paket.

OpenCart

OpenCart ist wie ZenCart ein US-System mit deutschem Paket. Dafür ist OpenCart ein vollständig eigenständiges System und nicht aus anderen Open Source-Projekten entstanden. Es besitzt viele

Erweiterungen, die allerdings zum Teil kostenpflichtig sind.

TomateCart

TomateCart ist ein weiterer osCommerce Ableger,
der aber an moderne Forderungen wie SEO Tools
angepasst wurde.

E-Commerce-Plattform

Spree Commerce ist eine Plattform um seinen
eigenen Shop eigenständig zu entwickeln. Die
Plattform bietet keine fertigen Lösungen und ist
eigentlich mehr etwas für Tüftler.

Ohne Entwickler dürfte es schwer werden.

Shopsysteme, die Geld kosten

Mangento

Hier kommt wieder Mangento mit der deutschen Version – eine 30 Tage Demoversion ist kostenlos. Da man aber auf dem Host des Anbieters ist, wird nach diesen 30 Tagen eine Gebühr erhoben. Eine Gebühr, die man übrigens sehr lange auf der Webseite sucht. Deswegen unser Tipp, lieber unabhängig auf einem eigenen Serverplatz kostenlos installieren!

H.H.G Multistore

Wer mehr als einen Shop besetzt hat schnell ein Verwaltungsproblem, außer er verwendet eben H.H.G Multistore. Die Basis des Shops ist wie bei den vorangegangenen Beispiel xt commerce. Das CMS ist mandantenfähig und lässt die Verwaltung der unterschiedlichsten Shops mit dem gleichen CMS zu.

Mietshops arbeiten oft auf der Basis von Datencloud

Mietshops

Mietshops versprechen einen schnellen und fast kostenlosen Einstieg in einen Shop. Man spart sich das Einrichten und den Entwickler. Dennoch sind Mietshops nicht kostenlos und haben vor allem auch eine Menge Nachteile. Die Mietshops leben unter anderem davon, dass alle Teilnehmer ungewollt für alle Shops einer solchen Plattform Werbung machen. Da die meisten Mietshops neben einer monatlichen oder jährlichen Gebühr auch eine Umsatzbeteiligung verlangen, ist klar – Mietshops gehen zu Lasten der Corporate Identity.

Zudem sind Sonderlösungen praktisch ausgeschlossen. Dinge wie Suchmaschinenfreundlichkeit und SEO kann man bei Mietshops leider vollkommen vergessen. Meistens gehört auch keine eigene Domaine zum Angebot, sondern nur eine Unter-URL. Dies ist sehr schlecht, will man später einen eigenen Shop eröffnen, verliert man dabei seinen Namen, den man sich oft hart erarbeitet hat.

Dafür kommt wirklich jeder Nutzer mit dem Angebot klar und hier liegt auch der Vorteil von Mietshops.

Shopify

Shopify ist ein deutscher Mietshop der eine 30-tägige kostenlose Schnuppervariante anbietet. Einerseits verdient Shopify durch den Verkauf eines jeden Produktes ein paar Prozente und andererseits wird auch eine Gebühr für den Platz auf dem Server erhoben.

Shopify arbeitet mit einer Cloudfront, was den Vorteil hat, dass der Shop weltweit gleich schnell zu erreichen ist.

Plentymarket

Auch Plentymarket setzt auf Shops in einer Cloud. Einer der wenigen Mietshops die suchmaschinen-freundliche URLs und SEO anbieten.

Dafür ist Plentymarket mit monatlichen Gebühren von 99 Euro sehr teuer, auch wenn die Anbieter eine tadellose Warenwirtschaft und viele weitere Module versprechen. Für den Preis legt man sich besser einen eigenen Webshop auf einem Server zu.

Marktplatzsysteme

Marktplatzsysteme sind Verkaufsplattformen wie Amazon, eBay, Yatego Professional 1000 und Rakuten, die es Verkäufern ermöglichen sich am System zu beteiligen. Einen eigenen Shop in dem Sinne, hat der Anbieter aber damit nicht, sondern lediglich ein Konto als Verkäufer mit seinen eigenen Produkten. Selbstverständlich hat man als Verkäufer auch keine eigene URL.

Es kann Sinn machen, wenn man ohne hin schon einen Shop hat, einfach ein paar seiner Produkte auf solchen Plattformen einzustellen, aber eher wegen dem Nebeneffekt, Traffic auf die eigene Webseite zu leiten.

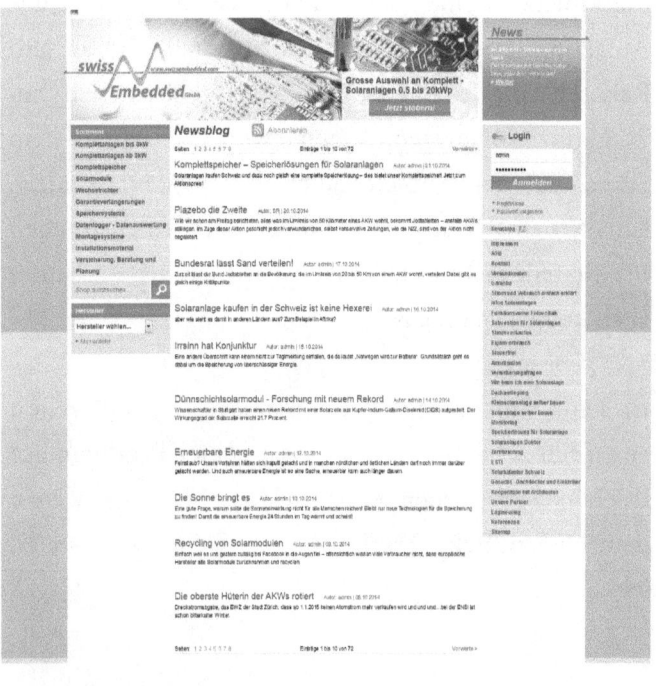

Teuer, individuell programmierte Shops

26

Individuell programmierte Shops

Man findet zahlreiche Unternehmen, die online anbieten, Shops individuell zu programmieren. Wichtig zu wissen ist: Auch Softwareunternehmen arbeiten zuerst einmal mit Open Source Lösungen. Diese werden dabei dann so verändert, dass dem Kunden nicht gleich auffällt, welche Open Source Software dahinter steht.

Dazu kommt, die individuell programmierten Lösungen sind mit Abstand die teuersten Lösungen – aber nicht immer die Besten.

Viel kostengünstiger und auch vernünftiger, ist es sich eine Open Source Lösung auszusuchen und dann über Freelancerplattformen Programmierer zu suchen, die den Shop Ihren Wünschen anpassen. Wir haben erlebt, dass Kunden über drei Monate benötigten, bis ihre individuelle Lösung für viele tausend Euro online war und Fehler wurden nur dann behoben, wenn man explizit darauf aufmerksam machte.

Wollen Sie wirklich täglich mit einem Programmierer Mails austauschen? Dann sollten Sie sich für die mit Abstand teuerste und umständlichste Variante entscheiden. Sie werden noch Spezialisten für die SEO benötigen. Diese beginnen nicht etwa mit Ihrer SEO, sondern werden zuerst dem Programmierer ausführlich erklären, was noch an Funktionsumfang eingebaut werden muss. Das liegt daran, weil sich Ihr Anbieter auf den Standpunkt stellen kann „er programmiert - SEO interessiert ihn nicht".

Wenn Sie aber schon eine „individuelle Lösung" haben, lassen Sie sich nicht an der Nase herum führen. Der Quellcode ist immer einsehbar und kann zur Not auch von Dritten erweitert oder korrigiert werden. Den leider arbeiten Anbieter von individuellen Lösungen schon deswegen schlecht, weil Sie denken, sie wären unersetzlich und der Kunde von ihnen abhängig. Die Abhängigkeit von einem einzigen Anbieter ist einer der wichtigsten Gründe für die OpenSource Lösungen.

Wenn Sie bei OpenSource Lösungen nicht zu Recht kommen, findet sich jemand der dies für Sie übernimmt und dabei viel weniger Geld kostet als individuelle Lösungsanbieter.

Shops in Joomla

Joomla ist ein OpenSource CMS ähnlich wie Wordpress. Anders als Wordpress bietet aber Joomla eine reichhaltige Auswahl an vielen kostenlosen Modulen, darunter auch Webshops.

Ein Webshop über Joomla ist dann sinnvoll, wenn Sie:

A. Neben dem Verkauf Ihrer Produkte viele zusätzliche Informationen für Kunden bereit stellen
B. Wenn Ihr Produktumfang überschaubar ist
C. Die zusätzlichen Informationen größer sind als der Produktkatalog
D. Sie gute Blogfunktionen benötigen

Als Motor für eine Webseite ist das CMS von Joomla sehr gut und deswegen unsere Empfehlung. Für eine Webseite mit vielen Informationen und einem relativ kleinen Sortiment, sollte man Joomla auf jeden Fall in Betracht ziehen.

Module sind wie Bauklötzchen - Ergänzungen für den Shop

Module

Module heißen Zusatzfunktionen, die sich leicht in einen Shop einfügen lassen. Praktisch jede Shopsoftware verfügt über eine meist große Auswahl der unterschiedlichsten Module.
Viele Module können bei OpenSource-Lösungen kostenlos sein, aber viele Module kosten auch Geld.

Aus dem Grunde, bevor Sie sich endgültig für eine Softwarelösung entscheiden, schauen Sie sich noch die Preise und Verfügbarkeit einiger Module an, die unbedingt dazu gehören.

Bezahlvarianten

Alle Zahlungsvarianten kommen als Module daher. Diese sind praktisch für alle Shopsysteme meistens kostenlos zu bekommen. Wir stellen die Zahlungsvarianten noch im Detail vor.

Einkaufswagen

Das Modul Einkaufswagen gibt es bei allen Shopsystemen und gehört zum Umfang der

Software. Wichtig dabei ist, dass die Darstellung der Rechnung dem europäischem Standard entspricht.

Google Analytics

Viele Softwarelösungen bieten eigene Module zur einfachen Integrierung von Google Analytics an.

Der Vorteil bei den Modulen ist, man muss nicht von Hand den Code einfügen.

SEO Module

Sind ein „Muss man haben". Das Modul sollte über die Funktion Meta Titel und Meta Description verfügen.

Soziale Buttons

Die sozialen Like-Buttons finden Sie im Regelfall auch als Modul. Auf alle Fälle sollten sie im Blog integriert sein.

Damit lassen sich interessante redaktionelle Texte leicht teilen und weiter verteilen.

URL Endungen

Es gibt Module die dafür sorgen, dass die URL von Hand gesetzt werden kann.
Der Vorteil liegt auf der Hand: Damit wird die Endung suchmaschinenfreundlich und enthält die notwendigen Schlüsselwörter.

Sitemap

Gibt es auch als Modul für die meisten Shopsysteme!

Nett zu haben

Warenwirtschaft

Nicht alle Shops bieten eine Lösung für die einfache Verwaltung der Warenwirtschaft an. Zur Not kann man sich immer extern eine Warenwirtschaft als Modul herstellen lassen.

Versandmodul

Viele Shops und manche Paketdienste bieten Module an, die für das einfache Versenden und Ausfüllen der

Packliste, sowie der Etikettierung vorgesehen sind. Der Vorteil dieser Module ist bei vielen Sendungen pro Tag offensichtlich: Die Adresse kann zum Teil automatisch aus der Bestellung übernommen werden.

Newslettermodul

Die Newsletter werden immer über Module versendet. Es gibt keine Shopsysteme ohne dieses Modul.

Funktionsumfang - muss man haben

Was unbedingt in den Shop muss

Als neuer Shop konkurrieren Sie mit Hunderten von Shops, die schon viel länger auf dem Markt sind als Sie – deswegen sollte Ihr Augenmerk vor allem auch der SEO gelten. Wenn Sie die SEO extern machen wollen, werden Ihnen die SEO Spezialisten ganz genau sagen, was Sie benötigen und die SEO für Sie übernehmen. Einige grundsätzliche Dinge sollten aber schon bei der Programmierung beachtet werden.

Meta Titel und Meta Description

Die Meta Titel und Meta Description sollten auch im Produktkatalog individuell von Hand erstellt werden. Viele Shops bieten automatisierte Meta Titel und Descriptions für Shops an. Unsere Erfahrung ist es lieber darauf zu verzichten, denn nichts ist so individuell und Keywordrelevant wie von Hand erstellte Beschreibungen.

Automatisierte Beschreibungen und Titel werden aus den ersten Sätzen gezogen und haben längst nicht die

Relevanz wie von Hand erstellte. Dazu kommen zusätzliche Hinweise, wie „kaufen Sie" etc. in solchen automatisierten Beschreibungen nicht vor.

Es kann aber Sinn machen in Abwandlungen ab und an, das Wort „kaufen" „beraten" und evtl. noch den Ort und ähnliches zu erwähnen.

Dasselbe gilt für den Titel. Der Produktname mit Zusätzen kann für Suchmaschinen effektiver sein, als nur ein Produktname.

Beim Meta Titel sollte man sich auf maximal 70 Zeichen beschränken!

Die Textschnippsel die Google anzeigt heißen SERPS und werden aus der Meta Description generiert. Die optimale Länge liegt hier bei maximal 156 Zeichen

Wichtig! Suchende sollten sinnvolle Titel und Beschreibungen sehen. Genau deshalb sollten diese Tags nicht einem automatisierten Programm überlassen werden.

Sitemap

Die Sitemap sagt den Robotern, die zu Besuch kommen, was auf der Seite zu finden ist. Umso wichtiger ist es, dass sich die Sitemap selber jeweils aktualisiert. Es ist erstaunlich wie viele falsch erstellte Sitemaps auf Webseiten zu finden sind. Eine Webseite, die man von Hand nachtragen müsste ist absolut sinnlos - gerade bei einem integriertem Blog oder Sortiment, das erweitert wird. Für viele Shops gibt es Plugins und auch Google bietet ein Sitemap Modul an.

Blog

Wählen Sie nur solche Shops aus, bei denen sich leicht ein Blog integrieren lässt. Blogbeiträge mit Mehrwert – also mit echten Informationen – bringen interessierte Leser auf Ihre Seite.

Selbst wenn die Leser nicht gleich etwas kaufen. Hochwertige tägliche oder mindestens zweimal wöchentliche Beiträge erzeugen Vertrauen. Sie würden nicht Ihren Blog schreiben (oder schreiben lassen), wenn Sie nur eine Eintagsfliege sind.

Zum Blog gehören unbedingt:

Soziale Funktionen

Facebook, Google+ und Twitter - ohne diese Funktionen sollte kein Shop dastehen! Wichtig sind die Widgets vor allem für Blogbeiträge. Produkte zu liken bringt keine neuen Kunden.

Sorgen Sie dafür, dass die Funktionen so eingebunden sind, dass einzelne Beiträge automatisch geteilt werden. Damit erreichen Sie Traffic und interessierte Leser. Aus interessierten Lesern werden letztlich auch Kunden.

Fanseiten

Google interessiert sich für den Traffic. Da Backlinks in der Vergangenheit häufig missbraucht wurden interessiert sich Google heute viel mehr für Texte und den Traffic einer Seite.

Diese generiert man am einfachsten über Fanseiten bei FB und in Foren. Auf diese Fanseiten gehören auch die verlinkten News aus Ihrem Blog!

Google Analytics

Google Analytics muss sein! Das Tool zeigt auch mehr oder weniger zuverlässig an, woher Ihre Besucher kommen und wie sie sich auf Ihrer Seite verhalten. Ob Besucher öfter kommen und ob Sie sich mehr als eine Seite ansehen.

Zuerst müssen Sie die Seite als Ihre eigene Seite über Google Admin bestätigen. Am einfachsten geht dies mit dem Einfügen eines Meta Codes, den man von Google Admin bekommt und im oberen Bereich des html Codes vor dem Ende des Headers einfügt.

Anschließend kann man sich ein Analytics-Konto einrichten und den Code am Ende des Bodys einbauen oder in ein Modul eingeben.

Nett zu haben

RSSFeed

Wenn Sie einen gut gepflegten Blog haben, fügen Sie ein RSSFeed ein. Selbst wenn Sie anfänglich niemand abonniert und somit auf seiner Webseite für Ihre

Beiträge Werbung macht - was nicht ist, kann ja noch werden.

Youtube

Wer technische Produkte anbietet, sollte sich Gedanken über einen eigenen YouTube-Channel machen! Verlinken Sie den Channel auf Ihrer Webseite, aber nicht die eigentlichen Filme. Damit Sie nicht unnötig die Seitenperformance ausbremsen.

Newsletter

Newsletter sind eine feine Sache, wenn auch hier der Mehrwert gilt. Also nicht einfach Werbung für die eigenen Produkte machen, sondern Kreativität entfalten. Einige Informationen aus Ihrer Branche, gemischt mit einem Sonderangebot oder einer Aktion nur für Newsletterabonnenten.
Es darf auch mal ein Wettbewerb sein und … und … und...

Wichtig ist, - lieber nur vier Newsletter im Jahr als langweilige Newsletter oder Newsletter, die von den Leuten abbestellt werden oder im Spamordner landen. Wenn Sie einen Blog haben, machen Sie dort auf die neusten Themen im Newsletter aufmerksam. Nehmen Sie aber keine Themen, die schon ausführlich im Blog behandelt wurden.

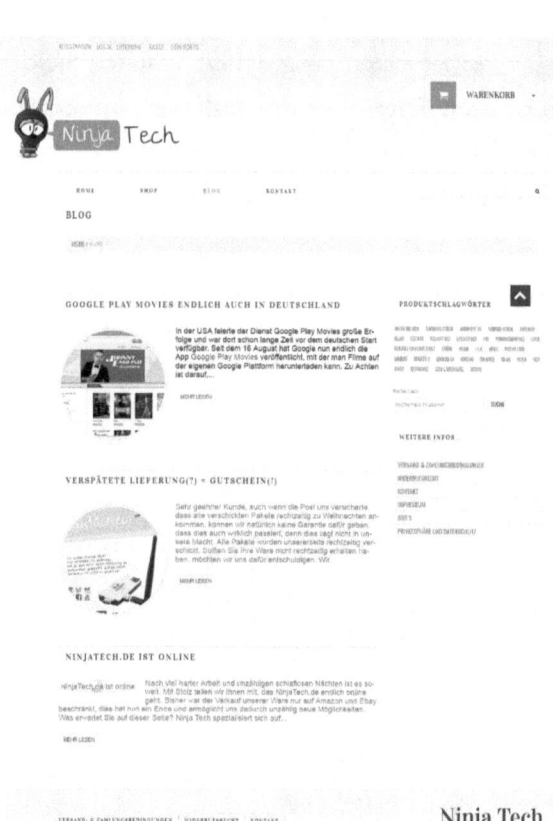

Shop mit Blog - damit der Traffic stimmt!

Kann man haben

Nachfolgende zusätzliche Features, die man je nach Software sogar automatisch beliefern kann.

Google Adwords

Wir können nur vor reinen Adwordskampagnen warnen. Sie kosten viel Geld und ihr Nutzen ist fragwürdig. Besser ist es SEO Profis zu bezahlen und sich über diese Anbieter Traffic und eventuell qualitativ hochwertige Inhalte für Ihren Blog zu besorgen.

Wer es dennoch probieren möchte, hier einige Tipps: Machen Sie unbedingt ein Tagesbudget und eine maximale Summe wie viel ein Klick kosten darf. Mehr, bringt nicht wirklich mehr. Nehmen Sie einen Link auf eine spezielle Landingpage. Einfach nur auf die Indexseite verlinken ist ein Fehler. Schauen Sie sich die Ergebnisse in Google Analytics an. Klicken nur Mitbewerber oder Freunde von Inhabern von Fremdseiten mit Googlewerbung, werden sich diese Leute auch nur eine Seite ansehen. Ja, Sie lesen richtig. Auch Mitbewerber klicken gerne bei ihrer

Konkurrenz. Jeder Klick kostet Geld, ein Klick ist also noch lange kein Kauf.

Google Shopping

Google Shopping macht nur Sinn, wenn Sie Bekleidung, Kosmetik und ähnliche Produkte in Ihrem Shop anbieten. Gerade technisch anspruchsvolle Produkte scheitern schon an den Anforderungen für das Uploadfile. Google Shopping ist ganz klar, für Mode und Accessoires entwickelt worden.

Es braucht unbedingt zwei Stunden bis man sich mit dem Uploadfile von Google angefreundet hat. Am besten lässt man sich von Google selber ein File entwerfen, dass sich dann über die Google Cloud bearbeiten lässt.

Google Shopping wird mit AdWords verknüpft und kostet Geld. Grundsätzlich aus unserer mehrjährigen Erfahrung können wir nur vor SEM warnen. Wer es aber ausprobieren möchte, dem möchten wir folgende Ratschläge geben:
Machen Sie am Anfang nur vier Stichworte.

Begrenzen Sie die Kosten per Klick und begrenzen Sie das Tagesbudget. Machen Sie zu Beginn nur wenige Tage mit maximal 10 Euro im Tag. Kontrollieren Sie in Google Analytics, ob die Klicks die gewünschten Erfolge zeigen! Wenn Sie feststellen, dass im Regelfall Ihre Besucher 5 Seiten besuchen, die SEM-Besucher aber nur jeweils 1 Seite ansehen, lassen Sie die Finger davon! Bezahlen Sie besser Dienstleister die Ihnen reale Interessenten bringen. Beschränken Sie sich zu Beginn auch nur auf Suchmaschinenresultate und lassen Sie die Werbung nicht auf anderen Webseiten einblenden. Warum? Weil auf fremden Webseiten auch gerne die Freunde der Seiteninhaber klicken, ohne dass überhaupt eine Kaufabsicht vorliegt.

eBay und Ricardo

Wenn Sie einen Shop haben, schadet es nichts einige ausgesuchte Produkte auch bei eBay oder im Falle der Schweiz bei Ricardo anzubieten.

Shops die Bekleidung anbieten, stellen oft ihr ganzes Sortiment parallel bei eBay und Co. ein. Für Produkte, die keine Beratung benötigen, mag dies durchaus ein Weg sein. Wie viel Sie also in diesen Shops anbieten, ist letztlich auch eine Frage Ihres Produkts. Für beratungsintensive Produkte macht lediglich die Aufmerksamkeit Sinn, die man als Shop erhält. Seien Sie sich bewusst, viele Besucher werden Mitkonkurrenten sein.

Gerade auf eBay soll es nicht immer sehr sauber mit den Bewertungen laufen, um so erschreckender, dass gerade Stammkunden angeblich viel drauf geben.

Amazon

Amazon verlangt eine monatliche Gebühr für Shopinhaber, aber das Unternehmen bietet für Deutschland manchmal drei Monate Shopkonto auf Probe. Laufen die Produkte gut, geschieht nach einigen Monaten eigenartiges – die besagten Produkte tauchen direkt im Angebot von Amazon auf und selbstverständlich etwas billiger als sie der Shopanbieter im Angebot hat.

Kurz gesagt, Leute die es ausprobiert haben sind davon überzeugt „läuft ein Produkt über Monate gut, legt es sich dann Amazon selber zu". Beim Eröffnen eines Kontos gibt man Amazon alle Rechte an den Bildern und den Texten. Dies führt dann dazu, dass Ihr sorgsam aufgesetzter einzigartiger Verkaufstext, plötzlich auch bei Konkurrenten auftaucht.

Warum? Amazon gefiel der Text besser, als der Text des Konkurrenten. Teure Produktbilder stehen sowieso jedem bei Amazon zur Verfügung. Copyright gibt es bei Amazon nicht.

Läuft Ihr Shop bei Amazon gut, wird man Sie nach einigen Monaten darauf Hinweisen, sie würden doch besser über die Amazonlogistik direkt versenden lassen. Sind Ihre Umsätze hoch und Sie lehnen ab, wird irgendwann einfach Ihr Konto gesperrt.

So viel zu den Amazonmethoden, die wir aus garantierter Quelle erfuhren.

Usability

Usability oder zu Deutsch die Bedienbarkeit einer Webseite, entscheidet mit über Top oder Flop. Statistiken von Werbetreibenden haben ergeben, der Kunde entscheidet innerhalb von drei Sekunden, ob er sich im Shop umsieht oder nicht. Das Webdesign soll ansprechend und Zielgruppengerecht sein. Für einen Shop mit Kinderspielzeug benötigt man ein anderes Design, als für einen Shop mit technischen Produkten.

Doch nicht nur auf die Optik kommt es an, sondern vor allem auf die Bedienbarkeit des Shops. Und genau die Bedienbarkeit ist die „Usability". Machen Sie es dem Kunden so einfach wie möglich, sich in Ihrem Shop zurecht zu finden.

Der Kunde muss die Produkte schnell und einfach finden. Genauso einfach sollte das Bestellen und der Bezahlvorgang vor sich gehen.

Zusätzliche Informationen über Hersteller sollten leicht zugänglich sein. Gehören Ihre Produkte in den technisch anspruchsvollen Bereich oder gibt es einiges bei der Anwendung zu beachten. Geben Sie zusätzliche Informationen zu den Produkten. Bei Baumaterialien erklären Sie die Anwendung und zwar nicht innerhalb des Produktes, sondern unter einem gesonderten Menüpunkt, der leicht zu finden ist. Als Beispiel hier ein Solar Shop mit 2 000 Artikel:

Originalansicht unter:

http://www.solar-komplett.ch/ Wir können einen Blick auf die Seite nur empfehlen!

Informationen, wie man mit Ihnen Kontakt aufnehmen kann, sollten sofort zu sehen sein. Beraten Sie Kunden, fordern Sie Ihre Kunden direkt auf, bei Fragen anzurufen oder eine Mail zu schicken!

Je offener Sie mit dem Kunden umgehen, um so mehr wird der Kunde dem Shop auch vertrauen.

Zahlungsvarianten

Auch bei den Zahlungsvarianten gilt: Leichte Bedienbarkeit ist Trumpf. Je schwerer es für den Kunden ist den Zahlungsvorgang zu durchlaufen, desto eher wird er zögern. Ausgenommen sind High-Techprodukte die mehrere Tausend Euro kosten. Da kann Vorauszahlung, die sonst weniger zu empfehlen ist, tatsächlich Sinn machen.

Paypal

Paypal zu nutzen hat den Vorteil, dass sie als Shop keine Kreditkarteninformationen zu sehen bekommen. Ein Punkt, der für mehr Kundenvertrauen durchaus wichtig sein kann.
Kunden können sowohl einfach direkt über das Paypalkonto bezahlen, wenn ein Guthaben vorhanden ist oder ohne ein eigenes Paypalkonto zu besitzen mit Visa, Mastercard und Maestro. Zudem nimmt Paypal Zahlungen in praktisch allen Währungen an. Als Unternehmer sollte man unbedingt sein Konto verifizieren.
Durch die Verifizierung weiß der Kunde, bei Unstimmigkeiten kann er sich auch immer an die

Paypalschlichtungsstelle wenden. Übrigens funktioniert die Schlichtungsstelle nach unserer Erfahrung sehr gut. Einziger Nachteil bei Paypal sind die Gebühren und ein schlechter Währungskurs. Sie sollten bei Zahlungen in Fremdwährungen 6 % aufschlagen.

Click and Buy

Die Funktionsweise von Click and Buy entspricht der von Paypal. Der Käufer muss allerdings zwingend ein Konto bei Click and Buy einrichten.

Kreditkarte

Kreditkarten gehören weltweit zur beliebtesten Zahlungsart. Milliarden von Kreditkarten sind im Umlauf und weil die gängigsten Kreditkarten Kontoüberziehungen zulassen, ist die Schwelle zum Kauf geringer.

Theoretisch können Sie direkt mit den Kreditkartenorganisationen Verträge für die Annahme von Kreditkartenzahlungen schließen. Das ist aber viel Aufwand, der sich nur dann rentiert, wenn Sie noch ein Offlinegeschäft mit Innenstadtlage haben.

Einfacher ist es über Paypal oder eine Zahlungsstelle zu nutzen, die alle Möglichkeiten bietet.

SEPA

SEPA-Zahlungen funktionieren zum Beispiel mit Sofortüberweisung. Die meisten Banken werden von dem Anbieter unterstützt. Allerdings muss der Kunde dem Anbieter „Sofortüberweisung" seine PIN mitteilen.
Nicht jeder ist dazu bereit und zwar vollkommen zu Recht. Die PIN hat Sofortüberweisung selbst dann, wenn der Kunde vom Kauf zurücktritt. Viele Banken und Sparkassen bieten auch eigene Varianten für SEPA-Zahlungen an. Als Händler kann es Sinn machen, seine eigene Bank für Direktzahlungen via Shop anzufragen.

Vorauszahlung

Hier bekommt der Kunde bei einer Bestellung einfach eine Rechnung, die er zuerst bezahlen muss.

Sobald der Händler das Geld auf seinem Konto hat, wird die Ware geliefert.

Für den Kunden ist das insofern eine sichere Methode, weil er niemandem seine PIN mitteilen muss und innerhalb Europas die Zahlung innerhalb von maximal zwei Arbeitstagen auf dem Konto des Händlers gutgeschrieben wird.

Nachnahme

Die Ware wird per Nachnahme geliefert. Das bedeutet, der Kunde zahlt dem Paketzusteller das Paket. Dies ist eine sichere - aber auch teure Methode. Im schlimmsten Fall nimmt der Kunde das Paket nicht entgegen, dann bleiben Sie als Händler auf den Paketkosten plus den Kosten für die Nachnahme sitzen.

All In One

Es gibt Zahlstellen, die nicht nur Shopmodule für die Zahlungen anbieten, sondern gleichzeitig Schufaauskünfte und sogar Inkasso für ihre Kunden übernehmen. Diese Organisationen sind interessant, weil sie sowohl Rechnungskauf als auch Kauf auf Raten zulassen. Insbesondere für Shops mit teuren Luxusprodukten ist das durchaus eine Variante.

Wir stellen Ihnen die bekanntesten Unternehmen mit „all in one" kurz vor.

Klarna

Klarna bietet eine Bonitätsprüfung an, erledigt für Sie als Shop Zahlung auf Rechnung und Ratenzahlungen. Allerdings kann Klarna Ihren Kunden ablehnen, wenn dessen Bonität als fragwürdig gilt.

Klarna bietet sowohl dem Käufer, als auch dem Händler einen eigenen Zugang für die Überprüfung der laufenden Rechnung und Verbindlichkeiten an. Zudem unterhält der Anbieter eine Schlichtungsstelle, sollte der Käufer Einwände gegenüber der gelieferten Ware geltend machen.

Masterpayment

Ist der absolute Allrounder unter den Dienstleistern

für Zahlungen über Onlineshops. Von Kreditkarten über Lastschriftverfahren bis zur Ratenzahlung und dem Finanzierungskauf, bietet Masterpayment alles an. Vor allem der Finanzierungskauf auf der Basis eines Mikrokredites kann je nach Shopsortiment durchaus sinnvoll sein und den Umsatz steigern. Wobei Masterpayment ähnlich wie Klarna, je nach gewählter Zahlungsart eine Bonitätsprüfung des Kunden durchführt. Die Absicherung für Händler erfolgt über eine Volksbank.

Wie kaufen Kunden am Liebsten?

Zugängliche Statistiken behaupten, die Mehrzahl der Käufer mit 35 % bevorzugen Paypal vor. 29 % zahlen lieber per Rechnung und 20 % per Vorkasse. Kreditkartenzahlungen ziehen 18 % der Kunden vor.

Gütesiegel

Vorsicht Falle wäre der vermutlich besserer Titel! Gütesiegel sind vor allem eines: ein gutes Geschäft für die Anbieter. Das Gütesiegel gibt es nur gegen eine monatliche Zahlung und soll angeblich das Vertrauen der Käufer stärken. Dann sollte eigentlich Amazon keine Kunden haben, denn ein Gütesiegel bei Trusted-Shops und Co. hat Amazon nicht.

Vertrauen erwirbt ein Shop durch sein sorgfältig gepflegtes Sortiment, seine Beratung und nützliche Zusatzinformationen oder einen aktuellen Blog. Eine Trendumfrage eines Meinungsforschungsinstitutes befragte 1.188 Internetnutzer, ein Gütesiegel als vertrauensbildende Maßnahme stand dabei erst an dritter Stelle. Zu Recht, wenn man sich die Kriterien und die Preise für das Siegel genauer ansieht.

Trusted-Shops

Das Unternehmen existiert seit 1999 und gehört damit zu den Dinosauriern der Branche. Die Einrichtungsgebühr kostet 89 Euro. Die Mitgliedsgebühren betragen zwischen 49 und 89

Euro pro Monat. Grundlage für das Siegel seien die Rechtskonformität. Dies dürfte der Kunde anhand der AGB und der Angebotenen Zahlungsvarianten sowie einem Blick auf das Impressum auch ohne dieses teure Gütesiegel feststellen können!

TÜV-Süd

Aha TÜV, dass klingt nach etwas! Dieses Gütesiegel gibt es seit 2001. Das Unternehmen sollte mal etwas an seinem traurigen Webauftritt machen. Dabei hat das Unternehmen selber ein Problem, denn schaut man in das Impressum, findet man schnell heraus: TÜV SÜD Sec-IT GmbH aus München ist der Anbieter.

Der fast ähnlich klingende TÜV-SÜD der Industriesiegel vergibt ist eine TÜV SÜD AG, zwar auch in München, aber an einer anderen Straße. Schafft das Vertrauen? Auch wenn die Firmen ohne Frage zusammenhängen mögen, es wirkt nicht wirklich seriös.

TÜV prüft die Bedienerfreundlichkeit und wie auch Trusted-Shops die Einhaltung gesetzlicher Bestimmungen. Dafür kostet das Siegel so viel, dass es offensichtlich nicht möglich ist dies auf der Webseite zu schreiben! Unser Rat, Katzen im Sack erzeugen garantiert kein Vertrauen.

Shopauskunft.de

Shopauskunft verlangt keine Einrichtungsgebühr. In der Basisfunktion ist Shopauskunft kostenlos. Wer allerdings über 30 Bewertungen hat, der muss zahlen. 99 Euro Jahresgebühr kostet Shopauskunft inkl. 50 Bewertungen pro Monat. Auf alle Fälle deutlich billiger als Trusted-Shop und TÜV. Gut finden wir, dass man die Katze nicht im Sack kaufen muss, sondern es mal als Basicfunktion ausprobieren kann.

Gesetze für Shops beachten - ist wichtig!

Juristisches

Impressum

In Deutschland gibt es die Impressumspflicht, in der Schweiz dagegen nicht. Bei einem Shop sollte man aber auch in der Schweiz die Firmenadresse aufführen. Jedoch gilt das Herkunftsprinzip, man benötigt also kein Impressum nach deutschem Recht.

Deutschland reglementiert da extremer. Bei einer juristischen Person muss noch der Name des Geschäftsführers stehen und zwar Vor-und Nachnamen. Die Straße, Hausnummer, Postleitzahl und der Ort. Postfach genügt nicht. Dazu die Telefonnummer und eine E-Mail-Adresse.
Bei Eintragung in ein öffentliches Register (z.B. Handelsregister, Vereinsregister, Partnerschaftsregister oder Genossenschaftsregister) den Ort des Registers und die Registernummer.

Zusätzlich muss noch die Umsatzsteuernummer ins Impressum, sofern man Umsatzsteuer bezahlen muss. Unterlässt man ein Impressum kann man abgemahnt werden!

Merkmale des einzelnen Produktes

Die wesentlichen Merkmale eines Produktes müssen für Kunden ersichtlich sein.

Preisbestandteile

Grundsätzlich gilt, in Deutschland muss der Endpreis im Shop stehen! Dies gilt auch für B2B, sofern die Angaben für normale Kunden ersichtlich wären.

Die Versandkosten, ein Mehrwertsteuerhinweis sowie Grundpreis pro Stück usw. sollten zusätzlich als Information zu finden sein. In den AGB des Shops sollte exakt formuliert werden aus welchen Bestandteilen der sichtbare Preis besteht.

Grundpreis

Die Preisabgabeverordnung verlangt, dass im Handel mit Endverbrauchern nicht nur der Endpreis, sondern auch der umgerechnete Preis je Mengeneinheit (Grundpreis) in unmittelbarer Nähe des Endpreises der Ware anzugeben ist. Das kommt dann zum Tragen, wenn Waren nach Gewicht,

Volumen, Länge oder Fläche angeboten werden. Etwaige Rabatte sind nicht einzurechnen; Mehrwertsteuern und "sonstige Preisbestandteile" verstehen sich inklusive.

Das bedeutet, wenn 30 ml. 15 Euro kosten, müssen Sie noch hinschreiben wie viel 1 Liter kostet. Das wird auch dann benötigt, wenn niemand 1 Liter von diesem Produkt bestellen würde.

AGB

Es gibt keine gesetzliche Pflicht für eine AGB! Allerdings würden wir dringend davon abraten einen Shop ohne AGB ins Netz zu stellen.

Darüber hinaus meinen Shopprofis, man sollte unbedingt einen spezialisierten Anwalt über die allgemeinen Vertragsbedingungen schauen lassen.

Versandkosten

Versandkosten sollten simpel kommuniziert werden, insbesondere wenn der Kunde bei der Bestellung eine Auswahl hat. Es kann also Sinn machen, die

Versandkosten im Menü extra aufzuführen und unter der Ware jeweils excl. oder inkl. Versand zu schreiben.

Zahlungs- und Lieferbedingungen

Im Regelfall sind die Zahlungs- und Lieferbedingungen ein Bestandteil der AGB.

Als Kundenservice können diese aber nochmals im Menü unter Impressum gesondert aufgeführt werden.

Widerrufsbelehrung

Eine vollständige Widerrufs- oder Rückgabebelehrung ist Pflicht.

Dabei gilt ein Widerruf von 14 Tagen in Deutschland als gesetzliche Pflicht.

Die Widerrufsfrist beginnt sofort nach der Widerrufsbelehrung. Bei Warenlieferungen beginnt die Widerrufsfrist mit Eingang der Ware beim Kunden.

Datenschutzerklärung

Der Inhalt einer Datenschutzerklärung sollte den Nutzer darüber aufklären, dass Daten für den Bestellvorgang automatisch erhoben werden müssen, aber nicht an Dritte weiter gegeben werden. Einen Link für Musterformulare finden Sie am Ende des Buches.

Spezielle Informationspflichten

Darunter fallen z.B. Informationspflicht gemäß Batteriegesetz (BattG) – sollten Ihre Produkte Batterien benötigen.

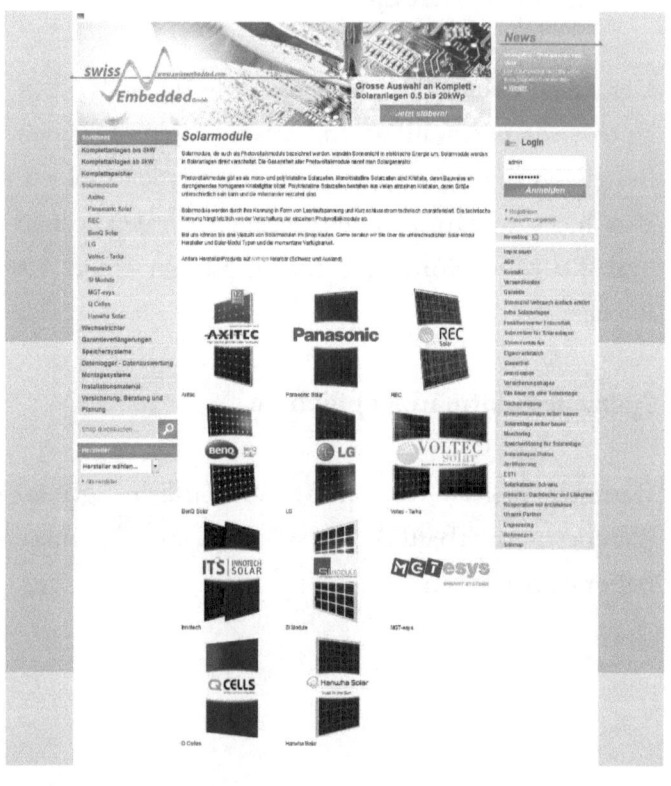

Lassen Sie Ihre Kunden nicht suchen!

Shop anlegen

Übersichtlichkeit

Wenn Sie Ihren Shop anlegen, machen Sie sich Gedanken über die Oberkategorien! Wählen Sie nur vier oder fünf Oberkategorien aus und legen Sie dazu dann Unterkategorien an. Dies macht einen Shop grundsätzlich übersichtlicher.

Wenn Sie viele Unterkategorien haben, blenden Sie auf der Eingangsseite nur die Oberkategorie ein und der Kunde muss zuerst die Oberkategorie anklicken und dann öffnen sich die Unterkategorien. Warum? Um den Kunden nicht sofort mit dem Warenangebot zu erschlagen.

Zusätzliche Informationen wie Impressum, AGB usw. sollten nicht direkt unter dem Warenkatalog kommen, sondern besser getrennt. Also zum Beispiel: Warenkatalog links, weitere Informationen rechts. Oder Warenkatalog oben, alles andere links!

Füllen des Shops

Welche Bestandteile benötigt Ihr Produkt aus Suchmaschinensicht?

Titel des Produktes

Der Titel des Produktes sollte nicht nur zum Produkt passen, er sollte sich nochmals in der Produktbeschreibung wiederholen.

Produktbeschreibung

Google interessiert sich für den Inhalt der Webseiten und der Shops! Darum gilt: Produktbeschreibungen sollten nicht abgeschrieben sein, sondern sogenannten „Unique Content", also selbst erstellten Inhalt aufweisen. Die Texte der Produkte sollten so umgeschrieben sein, dass ähnliche Shops oder der Hersteller nicht den exakt gleichen Text aufweisen!
Guter Content wird von Google durch einen dauerhaften Platz an der Sonne belohnt, denn guter Content enthält auch die Schlüsselwörter, die man für seinen Shop benötigt.

Metas

Achtung Falle! Nehmen Sie keinen Shop mit automatisch generiertem Meta Titel und Meta Description. Bei automatisch generierten Meta Titel und Meta Description zieht Google den Text einfach aus der Vorlage. Viel besser ist: Meta Titel und Meta Description von Hand individuell erstellen.

Dabei kann der Titel der Meta zusätzlich noch das Produktsortiment wiederholen und die Meta Description Zusätze wie „bei Shop xxx kaufen oder in der Region yyy im Shop zzz bestellen" aufweisen. Diese Ergänzungen können nicht automatisch generiert werden. Sie sind aber für den Kunden unwichtig, während Suchmaschinen dieses individuelle Vorgehen belohnen.

Der Meta Titel darf bis 70 Worte enthalten

Die Meta Description optimal bis 140 Wörter

Ganz wichtig – Meta Titel und Meta Description sollen sich niemals wiederholen und egal ob Sie 20 Produkte oder 2.000 Produkte im Shop haben, die Beschreibung muss sich für jedes Produkt unterscheiden.

Fototags und PDF

Kennzeichnen Sie Ihre Fotos nicht mit nichtssagenden Nummern, sondern mit einem eindeutigen Bildtag!

Also nicht:

333_12.jpg sondern sonnenblume_papier.jpg dies verbessert das Rating des Shops über die Bildsuche! Dasselbe gilt für PDF: nicht fg_hul_12.pdf sondern prospekt_hilmeier_maehmaschinen.pdf

Schreiben Sie Umlaute aus, viele Suchmaschinen haben sonst Mühe die Tags richtig zu lesen.

Sitemap

Eine Sitemap muss sein! Diese erleichtert Suchmaschinen das Einlesen der Informationen auf Ihrer Seite. In der Sitemap sollte alles enthalten sein, also alle Produkte genauso, wie neue Blogbeiträge oder das Herstellerverzeichnis.

Google Analytics

Google Analytics gehören zu den Dingen, die im Shop enthalten sein sollten. Dank der Google Analytics kann die Sichtbarkeit des Shops laufend verbessert werden und Traffic generiert werden.

SEM

Unser Rat, investieren Sie besser in der Traffic, als in SEM! Traffic erreicht man durch das Führen eines Blogs auf der Shopseite. Gehen Sie nicht auf Vorschläge ein, man mache Werbung für Sie auf fremden Blogs. Dies erzeugt zwar etwas Backlinks, nur Backlinks haben nicht mehr die Aktualität für Suchmaschinenergebnisse wie Traffic.

Traffic kann man über den Aufbau von Fanpages und einem im Shop integrierten Blog bekommen. Link zu Spezialisten finden Sie am Ende des Buches.

Traffic aufbauen

Dafür müssen einerseits soziale Widgets also Buttons zumindest auf den Blogseiten integriert werden und in den wichtigsten Netzwerken sollte man seine Fanpage pflegen oder pflegen lassen. Achtung! Nur Handarbeit macht Sinn. Den die Fans sollten sich für den Blog interessieren, kommen die Fans über billige Roboterprogramme und sind oft noch reine Fakekontos, wird dies nicht wirklich den Traffic erhöhen. Gute Optimierer, suchen Ihre Fans von

Hand zusammen. Neben den Fanpages sollte man nach einigen Wochen bloggen, auch Links zu relevanten Berichten in Foren einstellen. Damit dies allerdings nicht als Spam verstanden wird, sollte es wirklich themenrelevant sein und im Idealfall Fragen der Forenmitglieder beantworten.

Bloggen, aber richtig!

Jeder liest irgendwelche Blogs, nur die wenigstens Shopinhaber nutzten selber die Chance durch das Bloggen neue Kunden und ein besseres Suchmaschinenranking zu gewinnen.

Fachportale und Blogs werden von vielen Menschen als wichtig erachtet, selber verwenden die Leute jedoch meistens nur Facebook, XING und LinkedIn.

Die Verwendung dieser sozialen Netzwerke nutzt leider nichts, wenn damit nicht Landingpages auf der Firmenwebseite einhergehen.

Bloggen und zwar auf einem Blog der auf der Firmenwebseite integriert ist, zeigt die Professionalität des Unternehmens, bietet Mehrwert durch wichtige Branchennews und – ganz wichtig, wer richtig bloggt der erhöht seine Sichtbarkeit in den Suchmaschinen.

Aber wie bloggt man eigentlich richtig? Einem effizienten Blog liegt zuerst immer eine Analyse der Suchworte zugrunde. SEO Firmen die auf Blogs setzen, erstellen nicht nur die Keywordanalysen, sondern schauen sich auch die Konkurrenzseiten der Unternehmen an. Wer zum Beispiel Handelsvertreter für Baumaschinen ist, benötigt nicht nur die Marken seiner Baumaschinen als Suchwort, sondern auch Suchwörter wie Lieferant für.... Handelsvertreter für... Vertreter für...Repräsentant für...usw.

Und wie bringt man nun seine Suchworte in Blogbeiträgen unter? Als Erstes gilt, der Text darf kein Plagiat sein. Google schickt seine Roboterprogramme aus und lässt nicht nur die Inhalte einer Webseite überprüfen, sondern auch deren einmaligen Content. Ist der Inhalt eine Kopie eines anderen Berichtes im Internet, wird er von Google automatisch abgestuft. Der Titel muss sich für die Relevanz des Textes in Einklang mit dem nachfolgenden Inhalt befinden. Zu den verbotenen

Methoden des Suchmaschinenrankings gehörten früher Texte zum Beispiel über Geranien und drin versteckt ein Link zum Thema Finanzierung. Diese Methoden werden von Google heute so abgestraft, dass Seiten die diese Methoden verwenden auf einen schwarzen Index fallen und einfach für Suchmaschinenresultate gesperrt werden. Suchworte dürfen seit dem Penguin-Update im Mai diesen Jahres auch nicht mehr manisch verwendet werden. Nicht die Menge macht es, sondern die Relevanz des gesamten Inhaltes eines Textes.

Nun erreicht man ein gutes Suchresultat über Blog schreiben, nicht damit, dass man einmal pro Woche bloggt. Im Idealfall sollte man mehrere Monate täglich Beiträge schreiben. Diese Beiträge werden als Link direkt auf den Beitrag in den sozialen Netzwerken gepostet und nach ungefähr 8 Wochen sieht man auch die ersten Resultate seiner Bemühungen. Langsam steigt das Ranking bei den Resultaten die Google bei Suchanfragen zeigt.

Woher weiß Google dass die Beiträge relevant sind? Auf Grund der Besucherzahlen. Wenn 7 Leute einen Artikel lesen und nach einer Minute die Seite mit weiteren Blogthemen wieder verlassen, kann es mit der Webseite nicht weit her sein. Liest der durchschnittliche Besucher aber mehr als einen Blogartikel und kommt er wieder, geht Google davon aus, dass der Blog wirklich etwas zu bieten hat.

Bloggen sollte man die ersten zwei-bis drei Monate täglich von Montag bis Freitag, später kann man auf zwei-bis dreimal pro Woche umstellen. Kundenbindung kann auch durch interessante Artikel mit Mehrwert erreicht werden, ohne dass dabei konstant auf das eigene Produkt hingewiesen wird.

Newsletter

Ein integrierter Newsletter lässt sich zusätzlich zum Blog nutzen. Wobei ein Newsletter nur dann Sinn macht, wenn man tatsächlich seinen Lesern einen Mehrwert bieten kann. Wir empfehlen, nicht mehr als alle zwei Monate einen Newsletter zu versenden. Denn gute Newsletter mit wirklichen News sind selten und schlechte Newsletter werden nicht gelesen.

Nach deutschem Recht muss im Newsletter deutlich sichtbar ein Link zum Abbestellen des Newsletters vorhanden sein!

Vom gleichen Autor erschienen:

Modernes Onlinemarketing – Was Newbies und
Kleinunternehmer wissen sollten

ISBN 978-3906015309

und in Kürze: Foren und Plattformen

Glossary

3-D Secure™

Ist ein Sicherheitsmerkmal bei Online-Kreditkarten-transaktionen. Bei Visa wird dieser Standard als Verified by Visa und bei Master Card als Master Card Secure Code angeboten. Während des Bezahl-vorgangs wird der Karteninhaber auf eine Seite seiner Bank umgeleitet, wo er mit einem eigenen Passwort nochmals die Zahlung bestätigt.

Acquirer/Acquiring Bank

Händler erhalten von einem Finanzinstitut einen Vertrag über die Annahme von Kreditkarten als Zahlungsmittel. Dieses Finanzinstitut rechnet auch die Kartenzahlungen für den Händler ab.

Address Verification Service (AVS)

Das AVS ist ein System, welches die Identität einer Person, die eine Kreditkarte besitzt überprüft. So gehört das CVV2 /eine dreistellige Zahl auf der Rückseite der Karte) und das Ablaufdatum der

Kreditkarte zum AVS.

Alternative Bezahlverfahren

Unter diesen Zahlverfahren werden Zahlverfahren wie Bezahldienste, Wallets, Voucher und bankkontobasierte und Prepaid-Verfahren verstanden. Zu diesen Verfahren gehört Paypal, Bitcoin aber auch Ratenzahlungen und im Internet Kauf auf Rechnung.

Annahmequote

Anteil der anfragenden Personen bzw. des angefragten Umsatzes, welcher die Zahlungsgarantieprüfung mit einem positiven Prüfergebnis durchläuft.

Autorisierung

Die Prüfung von Transaktionen auf deren Gültigkeit, anhand unterschiedlichsten Kriterien wie Prüfung des Kartengültigkeitszeitraumes, Richtigkeit der Kartennummer, PIN-Verifizierung, sowie der Kontrolle von Kartenlimits und vielen weiteren Varianten.

Bankeinzug

Der Bankeinzug oder das Lastschriftverfahren ist ein Verfahren, wo der Zahlungsempfänger die Erlaubnis des Kunden bekommt, direkt Geld von seinem Bankkonto abzubuchen. Diese Erlaubnis wird durch die Bank des Zahlungsempfängers ausgeführt.

Bank Identifier Code (BIC)

Der auch als SWIFT-Code bekannte BIC ist eine acht- bzw. elfstellige internationale Bankleitzahl für grenzüberschreitende Überweisungen.

Bankidentifikationsnummer (BIN)

Die ersten sechs Ziffern einer Kredit- bzw. Debitkarte.

Betrugsprävention

Unter diesem Stichwort werden Bonitäts- und Plausibilitäts-Checks zusammengefasst. Darunter fallen aber auch zusätzliche Abfragen wie das CVS oder das Gültigkeitsdatum bei Kreditkarten.

Zusätzlich kommen aber auch Abfragen bei der Schufa und Blacklists zur Betrugsprävention in Frage.

Bezahlarten

Unter dem Stichwort Bezahlarten, sind alle Varianten der Bezahlung im eCommerce zu verstehen. Dabei sind manche Bezahlarten beliebter und andere Arten können Aufwendiger oder unbeliebter beim Kunden sein.

Bezahlsysteme

Betreiber von Internetshops tun gut daran unterschiedliche Bezahlarten anzubieten. So vielfältig wie die Kunden, so vielfältig sind die Kundenwünsche beim bezahlen. Neben den klassischen Bezahlverfahren aus der realen Welt, gehören auch Internetbezahlsysteme wie Paypal zu den Angeboten im eCommerce. Je vielfältiger die Auswahl für den Kunden ist, um so garantierter kommt ein Kauf zum Abschluss. Wichtig bei den Bezahlarten ist nicht nur der Kundenwunsch sondern auch die Sicherheit für den Händler.

Bonitätsprüfung

Ein Verfahren zur Überprüfung der Kreditwürdigkeit von Verbrauchern und Unternehmen.

Blacklist

Als Blacklist werden Kundenlisten bezeichnet die Angaben von unzuverlässigen Kunden beinhalten. Während jedes Unternehmen seine eigene Blacklist besitzt, ist einer der Vorteile von Payment Service Providern, dass sie eine deutlich erweiterte Blackliste besitzen, als dies der durchschnittliche Internetshop hat. Letzterer muss sich seine Blacklist mühsam und teuer selber erarbeiten.

Capture

Capture ist der Vorgang, wenn die Kreditkarte des Kunden endgültig belastet wird und dem Händler der Betrag gutgeschrieben wird. Direkt beim Zahlungsvorgang mit einer Kreditkarte, wird die Summe lediglich reserviert. Die Endgültige Gutschrift erfolgt durch das Capture.

Cardholder

Der Karteninhaber.

Chargeback

Unter Chargeback wird ein Verfahren zur Rückbuchung von geleisteten Zahlungen über elektronische Zahlsysteme verstanden. Dies können Kreditkartenbelastungen aber auch Paypalzahlungen usw. sein.

Chargeback-Gebühr

Die Chargeback-Gebühr ist eine Gebühr die Kreditkarteninstitute oder Zahlungssysteme bei einer Rückbuchung einer geleisteten Zahlung erheben. Ein Grund für eine solche Rückbuchung können nicht gelieferte oder nicht vollständig gelieferte Ware durch den Händler sein. Im Regelfall muss der Händler diese Gebühr tragen.

Chargeback-Quote

Als Chargeback-Quote wird die Anzahl der

Rückbuchungen durch den Kreditkarteninhaber bezeichnet. In Europa sind durch zahlreiche Sicherheitsmerkmale diese Quoten eher gering.

CNP, Card Not Present

Wenn dem Händler bei einer Transaktion die Kreditkarte physisch nicht vorliegt

Co-Branded Card

Eine Co-Branded Card ist eine von einem lizenzierten Kartenherausgeber emittierte Karte, die das Design eines dritten Unternehmens trägt.

Creditscoring

Ein Punktsystem zur Bonitätsüberprüfung bei Kartenanträgen.

CVC Code

Eine dreistellige Prüfziffer auf der Rückseite von Kreditkarten.

CVC1, CVV1

Card Verification Code 1, Card Verification Value 1. Ein auf dem Magnetstreifen einer Kreditkarte verschlüsseltes Sicherheitsmerkmal, das beim Kauf vom Kartenlesegerät erfasst wird.

CVC2, CVD, CVV2

Dies sind Codes die als Sicherheitsmerkmal bei Kreditkarten verwendet werden. Der Card Verification Code 2 gehört zur MasterCard, die Card Verification Data zu American Express und Card Verification Value 2 zu Visa

Debitorenmanagement

Überwachung und Verbuchungen der Debitoren-zahlungen und das kaufmännisches Mahnwesen.

Debitkarte

Bei Debitkarten wird das Bankonto oder das Guthaben auf der Karte des Karteninhabers sofort bei Zahlung belastet.

Deposit

Deposit ist üblicherweise die Verwahrung von Geldern. Im Paymentgewerbe wird damit der Rückbehalt von Kreditkartenzahlungen für das eventuelle Charge-back verstanden.

Direct-debit

Ist ein anderer Begriff für das Lastschriftverfahren. Siehe unter Lastschriftverfahren!

Disagio

Eine umsatzabhängige Gebühr, die ein Händler für die Transaktionsabwicklung und Zahlungsgarantie zu zahlen hat.

EC offline

Beim Ec offline, wird der Chip der Karte ausgelesen und nicht der Magnetstreifen. In dem Chip ist von der Bank festgelegt welche Summe pro Woche abgehoben werden kann, ohne das eine Überprüfung der Karte online vorgenommen werden muss.

Dies garantiert dem Händler die Zahlung ohne bei der Bank anfragen zu müssen.

Electronic Cash (E-Cash)

Das E-Cash ist ein PIN-basiertes Debitverfahren. Bei der Transaktion wird der Betrag unmittelbar dem Konto des Karteninhabers angelastet. Das E-Cash ist eines der schnellsten Zahlungssysteme im elektronischen Zahlungsverkehr.

Electronic Funds Transfer (EFT)

Papierloser Zahlungsverkehr, bei dem der Zahlungsbetrag vom Käufer-Konto auf das Lieferanten-Konto überwiesen wird. Dies kann über Konten des gleichen Geldinstituts oder zwischen verschiedenen Geldinstituten abgewickelt werden.

Elektronisches Mandat

Das elektronische Mandat bezieht sich auf das SEPA Lastschriftverfahren. Mit dem Mandat wird einer Bank die Anweisung gegeben Zahlungsaufträge eines Kunden für den Händler einzuziehen.

Elektronisches Lastschriftverfahren (ELV)

Hier erteilt der Käufer dem Händler eine Einzugsermächtigung zur bargeldlosen Transaktion.

Elektronische Geldbörse

Zahlungskarte mit Chip in der ein wöchentlicher Wert durch die Bank definiert ist. Siehe auch EC offline.

EMV

Die Abkürzung steht für Europay, MasterCard und Visa. Zahlungskarten, die mit einem Chip als zusätzliches Sicherheitsmerkmal ausgestattet sind.

E-Payment

Unter dem Begriff versteht man alle elektronischen Zahlungsweisen.

Factoring

Das Factoring ist der Verkauf von offenen

Forderungen eines Unternehmens. Dieser Begriff wird im B2B verwendet.

Firewall

Die Aufgabe der Firewall ist der Schutz von Netzwerkverbindungen. Sie verhindert den nicht autorisierten Zugriff auf Computer.

Floor Limit

Eine maximale Höhe einer Summe, in der ein Händler eine Karte nicht autorisieren muss. Das Floor Limit richtet sich nach der Branche und der Form des Händlergeschäfts und wird von den Kreditkartenunternehmen individuell festgelegt.

Giropay

Ein Zahlverfahren mit dem ein Kunde direkt im Onlineshop bezahlen kann.

Gläubiger Identifikationsnummer

Die Gläubiger-Identifikationsnummer ist eine

kontounabhängige Kennzeichnung des Gläubigers einer Lastschrift. Sie wird beim SEPA-Lastschriftsverfahren angewendet. Ziel ist es damit unrechtmäßige Forderungen und Überweisungen zu verhindern.

Gutschrift

Eine Gutschrift ist eine Buchung auf ein Konto.

IBAN, International Bank Account Number

Internationale Kontonummer für den grenzüberschreitenden Zahlungsverkehr. Bestehend aus Kontonummer+Bankleitzahl und Prefix.

Inkasso

Kommt ein Kreditor einer Zahlung nicht nach, kann der Gläubiger die Forderung einem Inkassounternehmen übergeben.

IP/BIN Check

Durch die IP-Adresse wird der Zugangsort des

Kunden zum Internet ermittelt, während über die Bank identification Number (BIN), die kartenausgebende Bank und deren Ursprung ermittelt wird. Hier können Kombinationen entweder zugelassen oder abgelehnt werden. Dieses Verfahren dient zur Prüfung von Betrugsmustern.

Issuer/Issuing Bank

Ist das Finanzinstitut, welches Kredit-, Debit- und Prepaidkarten ausgibt und Transaktionen seiner Karteninhaber, von anderen Mitgliedsbanken und Händlern entgegennimmt.

Kauf auf Rechnung

Kauf auf Rechnung ist die beliebteste Form des Internetkaufs in Deutschland. Dabei wird die Ware mit einer Rechnung versendet, die der Käufer innerhalb einer bestimmten Frist per Bank an den Händler überweisen muss.

Kreditkarte

Eine Kreditkarte ist ein elektronisches

Zahlungsmittel mit einem Kreditlimit. Käufe mit der Karte sind zeitverzögert vom Kreditkarteninhaber zu bezahlen.

Kreditkartenakzeptanzvertrag

Ein Unternehmen was Kreditkarten als Zahlungsmittel verwenden möchte muss einen sogenannten Kreditkartenakzeptanzvertrag abschließen. Dieser Vertrag wird nicht mit dem Kreditkartenunternehmen abgeschlossen sondern mit einem Acquirer. Acquirer sind Dienstleister die, die Bezahlung der Kaufsumme für den Händler mit dem Kunden durchführt.

Kreditkartenzahlung

Eine Kreditkartenzahlung ist eine Bezahlung einer Kaufsumme die durch die Verwendung einer Kreditkarte zustande kam. Der Händler kann diese Zahlung entweder durch einen Acquirer oder einen Payment Service Provider durchführen.

Luhn-Check

Der Luhn-Check ist ein Algorithmus der 1960 von

Hans Peter Luhn zur Überprüfung von Identifikationsnummern entwickelt wurde. Dieser Algorithmus wird als Risikoprüfungsmethode zur Verifizierung der Authentizität einer Kreditkartennummer verwendet.

Merchant

Als Merchant wird der Händler bezeichnet, auch einfach jedes beliebige Vertragsunternehmen.

Merchant Account

Der Merchant Account ist das Bankkonto eines Händlers.

Merchant Bank

Die Merchant Bank ist die Bank des Händlers

Merchant Identification Number (MID)

Die MID ist eine Identifikationsnummer die den Händler als Kreditkarten akzeptierenden Händler identifiziert.

Mobile Payment

Die Realisierung einer Zahlung mittels Mobiltelefon.

Mobile Wallet

Eine digitale Geldbörse auf dem Mobiltelefon. Hier können verschiedene digitale Karten hinterlegt sein.

Near-Field-Communication-(NFC-)Technologie

Kontaktloser Austausch von Daten per Funktechnik über kurze Strecken von wenigen Zentimetern, zum Beispiel für bargeldlose Zahlungen per Smartphone. NFC-Technologie ermöglicht die drahtlose Übertragung von Daten über eine kurze Distanz („near field"). Voraussetzungen für eine Zahlung per Mobiltelefon mit NFC sind eine NFC-fähige Akzeptanzstelle und ein NFC-fähiges Mobiltelefon mit einer NFC-fähigen SIM-Karte oder einem NFC-Sticker.

NFC-Sticker

Ist eine Technologie zur Aufrüstung von

Smartphones mit der kontaktlosen Technologie per Aufkleber oder Anhänger. Der NFC-Sticker ist beliebig programmierbar und kann in Verbindung mit einem mobilen Wallet, Zahlungen auslösen.

Payment Page

Webbasierte Bezahlseite für die einfache und sichere Akzeptanz verschiedener Zahlungsverfahren. Der Endkunde gibt auf dieser sicheren Internetseite seine Daten zur Online-Zahlung ein. Die Bezahlseite ermöglicht Händlern eine schnelle, sichere und PCI-konforme Akzeptanz von Kreditkarten und anderen nationalen und internationalen Zahlungsmitteln.

PCI DSS

PCI DSS (Payment Card Industry Data Security Standard) ist ein von VISA und MasterCard initiierter Sicherheitsstandard für Händler und Zahlungsdienstleister, die Kreditkartenzahlungen auf ihren Systemen verarbeiten oder Kartendaten speichern bzw. weiterleiten.

Personal Identification Number (PIN)

Geheimzahl, die nur einer einzigen Karte zugeordnet ist und dem Karteninhaber ermöglicht, mit ihr eine Zahlung zu bestätigen oder am Geldautomat auf sein Konto zuzugreifen.

Phishing

Mit Phishing (password harvesting fishing) werden kriminelle Handlungen zur Erlangung von Passwörtern von Kunden mittels gefälschter Internetseiten bezeichnet. Meistens sieht die Internetseite wie eine Kopie vertrauenswürdige Seite ist, aber in Wirklichkeit nur die Kopie einer real existierenden Webseite. Die Angreifer geben sich dabei als vertrauenswürdige Quelle aus und versuchen so den Kunden zur Eingabe sensibler Informationen (Benutzername, Passwort und Kreditkartendaten) zu bewegen.

POS

Point of sale. Damit ist der Ort der Transaktionsabwicklung gemeint.

Pre-Authorization

Eine Vorabautorisierung wird öfters bei Kreditkartenzahlungen vorgenommen. Beispiel sind Buchungen von Hotels oder Mietwagen wo bei der Buchung die Kreditkartenangaben abgefragt werden. Sie sollten dem Hotel oder der Mietwagenfirma eine Sicherheit bei Vorabbuchungen geben.

Prepaidkarte

Die Prepaidkarte ist eine Zahlungskarte auf Guthabenbasis mit allen Attributen einer herkömmlichen Kreditkarte. Allerdings gibt es auf die Karte keinen Kreditrahmen und der Kunde kann nur so viel Geld ausgeben, wie sein reales Guthaben beträgt.

PSP, Payment Service Provider

Ein Payment Service Provider (Zahlungsdienstleister oder Zahlungsanbieter, Zahlungsabwickler) ist ein Unternehmen, welches Bezahldienstleistungen, meist für E-Commerce-Unternehmen, anbietet.

Der PSP bietet die technische Anbindung des Online

-Shops oder der Webseite an die angebotenen Zahlungsarten des Zahlungsdienstleisters an. Dies geschieht entweder über fertige Payment-Module für Shop-Systeme oder über flexible Schnittstellen für sämtliche Systeme und Programmiersprachen. Die Dienstleistung der reinen Zahlungsabwicklung für den Online-Händler wird von der Universum Group als Payment Service Provider durch Betrugsprävention, Zahlungsgarantie und Forderungsmanagement ergänzt.

Refund

Ist eine Gutschrift von einem Händler. Mittels eines Refunds, die der Händler durchführt kann eine Kreditkartenzahlung oder eine Paypalzahlung direkt zurück gebucht werden.

Risikomanagement

Erfassen und Analysieren von Personen- und Warenkorbdaten zur Minimierung des Betrugsrisikos und zum Schutz des Händlers vor einem späteren Zahlungsausfall.

Rückbelastung

Ein Vorgang, bei dem der Kartenherausgeber (Issuer) eine Transaktion ganz oder teilweise zurückfordert. Die Rückbelastung (Chargeback) tritt dann ein, wenn ein Karteninhaber bestreitet, eine Kartentransaktion getätigt zu haben. Der Issuer erhebt in diesem Fall Einspruch beim Acquirer und fordert den Transaktionsbetrag vom Händler zurück.

Rücklastschrift

Ist ein Vorgang auf Grund einer Lastschrift die nicht durchgeführt werden kann.

SaaS, Software-as-a-Service

Ist ein Teilbereich des Cloud Computings und kann als bedarfsorientierte Bereitstellung von Software-Anwendungen für den Download definiert werden.

Scoring

Ein Verfahren zur Prognose des Kundenverhaltens. Anhand von Daten zu einer bestimmten Person werden andere Personen mit den gleichen Merkmalen zu einer Gruppe zusammengefasst. Hieraus kann die Zahlungsmoral und das damit verbundene Risiko der Gruppe berechnet werden.

SEPA Lastschrift

Am dem 1. August 2014 löst die SEPA Lastschrift, alle anderen Lastschriftverfahren im SEPA Raum ab. Dabei gilt der IBAN und die BIC als zusätzliches Sicherheitsmerkmal. Siehe auch SEPA, Single Euro Payments Area.

SEPA Lastschriftformular

Für das Lastschriftverfahren muss inskünftig das Formate XML verwendet werden. Dabei gliedert das XML nicht Angaben (wie bei html) sondern Beschreibt den Inhalt.

SEPA, Single Euro Payments Area

SEPA ist die Abkürzung für den Begriff „Single Euro Payments Area" und bezeichnet einen international einheitlichen Zahlungsverkehrsraum, der keine

Unterschiede zwischen Überweisungen ins Inland oder ins Ausland mehr kennt. SEPA umfasst alle Mitgliedsstaaten der Europäischen Union sowie Liechtenstein, die Schweiz, Norwegen und Island. Es gibt die SEPA-Überweisung, die SEPA-Lastschrift und SEPA-Kartenzahlungen. Die Durchführung von Geldtransfers über Ländergrenzen hinaus wird dadurch enorm erleichtert und verbilligt.

SEPA-Zeichensatz

Als Zeichensatz wird UTF8 - auch als Unicode bezeichnet, verwendet. Der Vorteil des UTF8 ist, dass er alle weltweit existierenden Zeichen abbilden kann.

Settlement

Abwicklung einer Transaktion sowie die Hinterlegung der abgewickelten Transaktionen bei der Vertragsbank (Acquirer) des Händlers.

Settlement Currency

Die Währung, in der die Zahlungsabwicklung auf

dem Konto erfolgt.

Sperrliste

Eine Liste von negativen Daten, die bei der Abwicklung einer Transaktion automatisch erkannt und dadurch nicht mehr akzeptiert werden. Wurden von einem Händler negative Zahlungserfahrungen mit einer Kreditkarte gemacht, so kann er diese auf eine Sperrliste setzen, um weitere Zahlungen mit dieser Karte in Zukunft zu vermeiden.

Tokenization

Bei diesem Verfahren werden sensible Daten wie Kreditkartennummern durch Referenzwerte, die Tokens, ersetzt. Ein Token kann uneingeschränkt von Systemen und Anwendungen genutzt werden, während die ursprünglichen Daten im sicheren, PCI-konformen Datentresor gespeichert werden.

Transaktionsnummer (TAN)

Ein einmaliges, von der kartenausgebenden Bank zugewiesenes Passwort, das neben der PIN als zusätzliche Sicherung im Internet-Banking zur Bestätigung einer Transaktion dient.

Transaktionswährung

Die Transaktionswährung ist die Währung, in der die Transaktion getätigt wird.

Third-Party-Billing

Third-Party-Billing ist die Abwicklung von Zahlungen über einen Drittanbieter, also einem Paymentanbieter.

Transaktionskosten

Als Transaktionskosten werden Gebühren für einen Vorgang bezeichnet. Wenn ein Paymentanbieter eine Transaktion durchführt muss er dafür eine Gebühr erheben, da jeder Vorgang immer Kosten aufwirft.

Treuhandkonto

Als Treuhandkonto werden Konten bezeichnet die für Dritte verwaltet werden.

Velocity check

Häufigkeitsprüfung, bei der Zahlungstransaktionen auf wiederkehrende Muster innerhalb eines vordefinierten Zeitraums überprüft werden. Die Prüfung kann auf der Basis verschiedener Daten einer Zahlungstransaktion erfolgen. So kann beispielsweise geprüft werden, ob sich ein bestimmtes Muster in einem definierten Zeitraum wiederholt und evtl. gehäuft auftritt.

Vertragshändlernummer

Auch als Vertragsunternehmensnummer bezeichnet, dient sie der Identifizierung eines Kreditkarten-akzeptanzvertrags zwischen Händler (Merchant) und Acquirer. Sie wird vom Acquirer vergeben und ist eindeutig.

VU-Nummer

Die VU-Nummer ist die Vertrags-Unternehmens-Nummer und wird durch den Kreditkarten-akzeptanzvertrag vergeben. Diese Nummer dient der Identifizierung und ist ein Bindeglied zwischen dem

Händler und dem Payment Service Provider, damit eine Transaktion verbucht werden kann.

Links

Mangento Erweiterungsmodul für den deutschen Markt http://www.magentocommerce.com/magento-connect/market-ready-germany.html

Mangento Deutsche Version (Achtung nicht kostenlos, sondern nur 30 Tage als Demoversion) http://de.nr-apps.com/store/magento-de.html

Oxid Community in Deutsch http://forum.oxid-esales.com/forumdisplay.php?f=15

Presta Shop http://www.prestashop.com/de/

Webseite von Gambio http://www.gambio.de/

xt commerce http://www.xt-commerce.com/

xt:Commerce-3-Fork http://www.modified-shop.org/

Commerce Seo http://www.commerce-seo.de/

Multistore kostenpflichtig http://www.hhg-multistore.com/

ZenCart http://www.zen-cart.com

Deutsche Community **TomateCart**
http://www.tomatocart.com/community/34-deutsches-forum.html

SpreeCommerce Plattform
http://spreecommerce.com/

Shopify http://www.shopify-deutschland.de/

Pleentymarket https://www.plentymarkets.eu/

Backlinks testen http://openlinkprofiler.org/

Zahlunssysteme

Anhand des Beispiels X Commerce eine Liste über die Shopmodule für Internetzahlungen

http://addons.xt-commerce.com/de/Module-und-Plugins/Zahlungweisen.html

Alle Shopsysteme bieten kostenlose Module an!

Paypal http://paypal.com

Click and Buy https://www.clickandbuy.com/
DE_de/home.html

Sofortüberweisung www.sofort.com/ger-DE/
kaeufer/su/so-funktioniert-sofort-ueberweisung/

Klarna https://klarna.com/de

Masterpayment www.masterpayment.com/de

Gütesiegel

Trusted Shops http://www.trustedshops.de

Tüv Süd https://www.safer-shopping.de/

Shopauskunft http://www.shopauskunft.de

Juristisches

Widerruf
www.linksandlaw.info/fernabsatz-4-
widerrufsrecht.html

Datenschutzerklärung Muster

http://www.e-recht24.de/muster-
datenschutzerklaerung.html

SEO und mehr

wos-marketing.de

seo-text-optimierung.com

Quellennachweis

solar-komplett.ch
www.ninjatech.de
Tim Reckmann pixelio de Seite 12
Janusz Koslowski pixelio de Seite 22
Daniel Bleyenberg pixelio de Seite 30
Thorben Wengert pixelio de Seite 60

Zeitfracht Medien GmbH
Ferdinand-Jühlke-Straße 7
99095 Erfurt, Deutschland
produktsicherheit@kolibri360.de